JN411934

晶竹詩集 ❶

晶竹

한림원 출판사

윤권할멈 최정화 교수 고맙소.
할멈에게 이 시집 바치오.
윤권할애비가

서 문

정죽 시집을 출간하며 서문을 쓴다.

이번에 출판하는 정죽 시집은 2018년에 한 묶음으로 임의로 책을 만든 내용을 한림원에서 출판을 한다.

2018년에 만든 책 묶음은 2010년도 경부터 한 두 편의 시와 2018년까지 쓴 모든 시를 막라한 시 몇 편이다.

아무 제한없이 쓴 글이라 출판하는 것을 망설이다 용기를 내어 이번에 출판하는 것이다.

출판에 즈음하여 종친 택원 교장선생님의 정성어린 글, 윤권애비 옛날 담임 이상주 선생님의 격려의 글, 언제나 진취적이고 새로운 일을 하는 과학도 제자 김익진 시인 교수의 글, 나의 내면을 적어 보낸 격려의 글, 고향 옥천 정지용 시인의 지킴이 문학박사 김묘순 시인의 아름다운 글, 이 모든 네 분의 격려의 힘을 얻어 출판에 임하게 되었다.

지난 4-50년 간 동고동락 한 윤권할멈 최정화 교수의 끊임없는 보조, 윤권애비, 애미의 섬김, 미국에 있는 딸과 남편의 언제나 변함없는 사랑, 영특한 윤권이의 기쁨과 진취적 행동, 언제나 내 곁에 있는 제자들에 이 조그마한 시집을 내며 감사함을 전한다.

끝으로 이 책을 낼 수 있게 보살펴준 한림원 김흥중 대표님과 편집을 맡아주신 이영란 선생님 및 조선영 선생님께 심심한 감사를 전한다.

송파에서

2024년 2월

정죽

목 차

서문

축 발간 1

제1장 여 명 17

제2장 서 광 31

제3장 여 정 45

축 발간

- 오근호론 /오택원
- 축사 /이상주
- 과학자와 시인 /김익진
- 사랑의 기록이 시문학으로 승화 /김묘순

오근호론(吳根鎬論)

오근호(吳根鎬) 선생은 1939년 충청북도 옥천에서 태어났다. 아호는 정죽(晶竹)이다. 그가 평생 전념했던 학문 결정학(結晶學)에서 정(晶)자를 취할 것을 제자가 제안하고, 그의 정신적 근원인 고향 옥천 죽향(竹香) 학교의 죽(竹)을 취하여 아호로 삼았다. 그는 우리 나이로 86세의 고령이다. 선대 조상들은 누대(累代)에 걸쳐서 함경북도 회령에서 살았는데, 그 연유는 조선 세종조에 군자감정(軍資監正)을 지낸 선조가 부친이 갑산군수 재직 시에 임소(任所)를 따라가서 살았던 이후 그곳에 터를 잡았던 때문이었다.

그의 증조부 괴정(槐庭) 오상규(吳相奎) 선생 역시 함경북도 회령 출신이다. 대한제국의 탁지부 사세국장(司稅局長)과 철도국장(鐵道局長) 등의 요직을 역임하고, 종2품 상계 문관의 품계인 가의대부(嘉義大夫) 시종원부경(侍從院副卿)에 올랐던 인물이다. 1905년 을사늑약으로 벼슬길을 버리고 한북흥학회를 창립하여 초대 회장에 취임하고, 국권의 회복과 민권 신장 운동에 투신했다. 1908년 한북흥학회와 서우학회를 통합하여 서북학회를 조직하고 2대 회장을 역임하면서 도산 안창호 등과 애국계몽 운동에 매진했다. 1910년 경술국치를 당하자 일제에 의해 서북학회가 강제 해산되면서 1910년 10월 옥천으로 이주하여 1922년 그곳에서 생을 마감한다.

그래서 오근호 박사가 근래에 가장 심혈을 기울이는 것이 증조부의 애국계몽 운동의 실상을 규명하고 현창(顯彰)하는 일이다.

2018년 4월 괴정 오상규 선생 기념사업회를 결성하고, 도서관을 비롯한 수많은 관계 기관을 찾아 자료를 수집하고, 역사학계 학자들의 자문을 구하는 등, 혼신의 힘을 기울이고 있다. 나라의 운명이 풍전등화의 위기에 처하자 일제의 만행에 맞서 일신의 안위를 돌보지 않고 국권 회복과 민족의 앞날을 위하여 몸을 던졌던 조상들이 분명히 계셨다. 그럼에도 불구하고 그분들의 행적이 묻혀지고 사라져 버린 사례가 비일비재했다. 선열들의 공적을 찾아내어 드높이고 공경하는 일은 국가의 몫이다. 안타깝게도 그 미흡한 부분을 보완하는 일 또한 후손으로서 당연지사이므로, 그는 그 일에 열중이다. 그의 조상들의 고향 이야기를 들추어 낸 것은 바로 그가 요즈음 혼신의 힘을 다하여 활동하는 분야를 드러내기 위함이다. 그는 해주오씨 31세손이다.

그는 공학 박사다. 한양대학교 요업공학과를 졸업하고 미국 펜실바니아 주립대학교 세라믹 석사, 워싱턴대학교에서 세라믹 공학 박사 학위를 취득했다. 그리고는 미국 와이오밍대학과 모교 한양대학교 교수, 한양대학교 공과대학원장을 역임한 세라믹 학계의 태두(泰斗)다. 한국 결정성장학회를 창립하고 학회지를 창간하며 회장에 취임하여 학계를 이끌었으며, 세라믹학의 발전에 크게 이바지했다. 그의 모교 한양대학교에 대한 애교심과 자부심이 대단하다.

그는 고령임에도 늘 새로운 꿈을 꾸는 사람이다. 어찌 보면 학문의 원동력은 꿈이라고 생각한다. 가설(假說)을 세우고 입증하는 것이 학문의 요체이고, 가설을 이끌어 내는 실마리가 꿈이라면 지나친 억측일까 모르겠다. 모든 분야가 다 그러하듯이, 새로운 꿈을 가진 사람이 나타날 때 비약적인 발전이 이루어졌다. 각고의 노력 끝에 꿈이 현실로 실현되면 인류 사회는 새로운 세계로 도약했다. 그런 의미에서 꿈은 참으로 소중한 존재다. 그는 망구(望九)의 고령임에도 젊은이 못지않게 꿈을 꾸는 사람이다. 아마도 변함없이 왕성하게 활동하고 몰두하는 힘의 원천은 그가 지닌 꿈의 힘이 아닌가 싶다. 최근에는 퀀텀에너지 연구소 회장으로 활동하면서, 그의 팀에서 세상이 떠들썩한 논문을 발표한 바 있고, 아직도 진행 중이다. '꿈의 물질'인 상온 초전도체 〈LK-99〉를 만들었다고 주장하여 전 세계 학계를 뒤흔들고 있다. 이 꿈이 완벽하게 실현되는 날 인류는 또 한 단계 진일보한 새로운 세상을 만나게 된다고 한다. 온갖 억측이나 주장에 좌고우면하지 않고 정진하여 확실한 보물을 손에 들고 세상 앞에 당당히 서는 정말 그런 날이 오기를 손 모아 기도한다.

오근호는 시를 일기처럼 생활화하는 시인이다. 우선 그의 작품 숫자가 그것을 입증한다. 어느 해인가는 한 해에 200여 편에 달하는 놀라운 분량의 작품을 창작했다. 때로는 하루에도 몇 편씩 시를 쓰기도 했다. 그의 시를 쉽게 읽게 되는 것은 이렇듯 일상의 이야기가 녹아 있기 때문이다. 하루하루를 사색하고, 정리하고, 기록하는 일과 중의 하나가 시를 쓰는 일인 것이다. 그래서 이어진 시편들을 읽다 보면 그의 생활상이 고스란히 떠오른다. 그의 마음을 유독 사로잡는 주체가 바로 손자 윤권(允權)이다. 외아들이 낳은 열 살 남짓 외동 손자, 고희를 넘긴 나이에 얻은 손자에 대한 절절한 사랑이 작품의 곳곳에 깔려 있다.

그의 시 몇 편을 살펴보기로 한다. 2018년 정죽시첩 제1집의 '序'에는 자작시들에 대한 자신의 생각을 솔직하게 드러냈다.

여기 내 생활의 기록이 있다/
주마등같이 흘러가는 시간과 공간/
솟아오르는 느낌과 상념/ 기록의 日記/
언어 선택 고민 없는/ 야생의 추상화/
느낌의 반추 없는/ 순간의 赤裸裸한 나/
2018년 팔순에/ 내 인생 한 Chapter 남긴다

「서(序)」 전문

그는 언어 선택의 고민 없이 적나라하게 자신의 일상을 기록하고 있다. 그러나 '야생의 추상화'처럼 거침없는 문학적 비유로 생생한 일기(日記)를 진솔하게 보여 주고 있는 것이다.

우리 옛 조상 예맥의 땅/ 드넓은 만주 벌판 요동까지/
다 찾아 대한민국 영토로 만들고/ 세계인이 추앙하는
한국의 링컨

대한민국 대통령 吳允權

오십여 년 전 두서너 살이던 그때/
그도 흙장난 좋아하고/
여름에 장화 신고 우산 들고/
맴맴하며 매미 잡으러 다니고/

비 온 후 고인 물에 칠벅칠벅 뛰어 놀고/

조약돌 주어 흐르는 물에 퐁당퐁당 던지고/
피아노 건반을 엉덩이로 신나게 치며 노는/
그런 개구쟁이

「윤권이」 부분

손자 윤권에 대한 무한한 기대와 신뢰가 가득하다. 할아버지만이 가질 수 있고 누릴 수 있는 손자에 대한 사랑과 자부심이 마치 손에 잡힐 듯 선명하다. 그러면서 그 뿌리가 할아버지와 하나임을 확인하고 있다. 천진난만한 손자의 행동은 할아버지를 그대로 빼닮았음을 시인은 흐뭇하게 바라보는 것이다. 굳이 너는 내 손자라고 입으로 말할 필요 없다. 행동이 그것을 증명한다.

아마도 옛날 자던 침대/ 덥던 이불/
어릴 때 생각나게 하는지/
한밤중 잠 깨서/ 할아버지 방에 올지도 몰라/
할아버지 방문/ 조금 열어 놓고/
책상 스탠드 불도 켜 놓았지

「윤권이 와서 잔 날」 부분

함께 살던 아들 내외가 살림난 후 손자 윤권이가 집에 와서 잔 날의 일기다. 자다가 한밤중 잠을 깨고 나면 할아버지 방으로 들어올 수도 있을 것이다. 방문을 조금 열어 놓고 스탠드 불도 켜서 혹시 모를 손자의 밤중 방문에 불편하지 않도록 섬세하게 마음쓰는 할아버지의 애틋한 사랑에 가슴 따듯하다. 윤권의 이야기는 뒤로 갈수록 그 빈도가 더욱 잦아진다. 시인의 최대 관심사임을 보여준다.

오근호 선생의 편린(片鱗)들을 아는 대로 소개했다. 필자는 물론 시인도 문필가도 아니다. 그저 곁에서 선생을 지켜본 친지일 뿐이다. 자칫 의도하지 않았지만 주제넘지는 않았는지 조심스럽다. 필자의 졸작(拙作) 「오근호선생찬(吳根鎬先生贊)」의 전문을 헤아리면서 본고를 맺는다.

저기 백발 신사 한 분이
정정한 모습으로 걸어오신다
흰 머리에 잘 어울리는
환한 미소와 건강한 동안(童顔)
우리나라 결정학계의 태두
오근호 박사이시다

그래서 그런지
눈에는 인자한 미소를 띠고
입은 한 일자로 단호하다
정(晶)은 밝고 환하고 맑고 투명하게 빛나며
죽(竹)은 쉬운 듯하지만
결코 간단하지만은 않다

그의 아호는 정죽(晶竹)이다
호랑이는 죽어서 가죽을 남긴다는데
여러 십 년 갈고 닦아
쌓아 올린 금자탑에
한 층 더한 그 이름
오근호가 빛나는구나

오택원(吳澤源)

축 사

오랜 초등교사 생활에서 은퇴한 후, 무려 삼십여 년 전의 학부모님이셨던 오근호 박사님의 전화를 받고 깜짝 놀라움과 함께 반가움의 식사자리를 갖게 되었습니다.

아빠가 졸업한 초등학교의 후배로 입학하게 된 손주 윤권이의 소식을 전해주며 그를 향한 애틋하다 못해 절절한 할아버지의 내리사랑을 소복이 식탁위에 쏟으며 함께 따뜻한 시간을 보냈습니다. 이런저런 이야기를 들으며 잔잔한 감동과 함께 나도 우리 손주들에게 이런 멋진 할아버지가 되어야겠다며 정신이 번쩍 들게 되었습니다.

이후로도 오 박사님께서는 손주 윤권과 함께 지내는 행복한 일상을 시의 형식을 빌어 짬짬이 기록한 글들을 전해 주며 생각을 공유하게 되었습니다.

이 책에 담긴 글들이 그렇습니다. 사랑하는 손주와 함께 동행하는 삶의 모습에서 우리를 진정 흐뭇하게 만들어 주는 책이기에 출간을 진심으로 축하합니다.

읽는 내내 절로 미소 짓게 되는 갖가지 소소한 사연들 속에서 이토록 손주 사랑이 지극한가에 가슴이 뭉클하였습니다.

서점에 들른 후 택시 타는 과정에서 윤권이가 할아버지의 작은 실수를 지적하며 당황시키기도 한 일화에서는 이를 올바른 성장

과정으로 여기며 오히려 대견해 하는 모습에서 진한 사랑을 느낄 수 있었습니다.

추석선물로 윤권이가 종이로 접은 사진기로 할아버지를 찰칵찰칵 찍어주는 모습에서 마냥 천진하게 기뻐하시던 내용도 고개를 끄덕이게 하였습니다.

손주와 함께 한 시간의 흐름을 틈틈이 글로 남기고 이를 정리한 이 책에는 아마도 손주를 향한 지극한 사랑이 조금밖에 표현되지 않았을 것입니다

나날이 성장하는 손주 윤권에 대한 대견함, 걱정, 기대 등이 물씬 묻어나는 글들을 보며 훗날 윤권이가 힘든 시기를 보내게 될 경우에도 할아버지의 글을 읽으면서 더욱 힘을 내어 쉬이 극복하게 될 것입니다. 또한 정성어린 할아버지의 글을 접할 때마다 자신을 향한 절대적인 사랑에 왈칵 눈물을 쏟을 때도 있겠지요.

앞으로도 이어질 할아버지의 손주를 향한 사랑의 글을 읽으며 윤권이는 누구보다도 반듯한 삶을 살게 될 것입니다.

한편 이즈음 손주 사랑의 농도가 더욱 짙어지는 것은 오박사님의 아름다운 황혼녘 인생의 정점임을 보여주는 동시에 하루하루가 새로운 시작임을 알려 주는 것입니다.

모쪼록 많은 청소년들이 이 글을 읽고 할아버지들의 지극한 자손사랑을 새삼 느끼고 감정이 순화되는 계기가 되기를 바랍니다.

2024년 1월

이상주

과학자와 시인

과학은 사실성과 객관성, 즉 감정과 선입견으로부터의 해방이다. 어떠한 과학적 주장도 관찰 가능한 사실들에 근거하여 검증 가능해야 한다. 또한 과학은 자료와 자료가공이 명확히 구분되어야 한다. 이는 사실들과 사실들의 해석과 설명은 구분되어야 한다는 말이다. 이 두 개의 원칙으로부터 과학은 사변과 구분된다. 과학은 논리에 근거하며, 명백성의 원칙과 충분한 근거의 원칙을 충족시켜야 한다. 또한 충분한 토론을 통해 수정의 준비가 되어 있어야 한다. 과학자는 언제나 계산하고, 실험한 후 분석하여 논문을 쓰면서 많은 시간을 보낸다. 이에 반해 인문학은 주관적으로 해석할 때 큰 의미를 두는 학문이다. 다분히 개성적이고, 그룹적이고, 제한적이며 주관적이다. 인문학은 어떻게 사유하느냐에 따라 해석과 판단의 결과가 달라질 수 있다. 과학자는 *"그가 눈으로 보는 것만을 믿으나, 인문학자 그가 믿는 것만을 눈으로 본다"*.

오래전부터 나에게는 표상이 되는 과학자가 있었다. 그는 미국에서 석, 박사학위를 받은 후 Wyoming 대학교 교수와 Rockwell의 수석연구원으로 근무하다, 1980년 모교인 한양대학교 무기재료공학과로 부임한 오근호 교수님이다. 그는 한국과학기술한림원 회원으로 국내외 재료 과학계의 석학이다. 나는 그로부터 결정학과 양자역학을 배웠다. 그의 강의는 한마디 한마디가 논리정연한 이론이었다. 그는 나에게 독일 유학을 추천하며, 많은 사랑을 주셨다. 몇 주 전 유럽 출장 중에 그의 전화를 받았다. 그는 변함없이 제자의 이름을 불러주시면서 조심스럽게 "晶竹詩集" 시집을 내고 싶으시다고 말씀하셨다. 프랑스의 천재 시인, 아르튀브 랭보(Arthur Rimbaud)는 "시인은 숨겨진 본질을 꿰뚫어 보는 견자(見者)"라고 했다. 팔순(八旬)을 넘긴 그가 시집을 낸다는 것은 견자로서 잉여의 즐거움을 찾는 것이다.

카톡으로 보내주신 그는 시 속에는 가족, 인생과 사랑을 느낄 수 있었다. 그는 시를 쓰면서 "읽어라 끊임없이 읽어라, 미지의 세계로 달려라" 했다. 그는 시를 쓰면서 푸른 행성의 자율 주행 속에서 절정의 날을 맞이했다. 또한 그는 견자의 눈으로 별빛이 이곳으로 오는 데만 수십억 광년이 걸리니, 아직도 지구에 도착하지 않은 별들의 천문학적 고독을 생각했을 것이다. 그는 과학자이기에 에덴동산에 흘렀던 물이 지금 창밖에 빗방울로 떨어지고, 매일 보는 파란 하늘이 처음이자 마지막으로 지나간다는 것을 알고 있다. 그러기에 그는 무지개가 물방울의 프리즘 역할로 인한 빛의 향연임을 알고 있다. 그는 인간이 별의 먼지에서 왔다가 재로 돌아가는 온전한 우주며, 방 한 칸도, 고층 아파트와 자연이 모두 우주라는 것도 알고 있다. 그의 글 속에서 이미 "시인은 느낌 감정 표현을 품은 우주"라고 했다. 그도 예외 없이 회전하며 날아가는 지구 위에서 균형을 이루기 위해 부단히 애써왔음을 그의 글, 七旬과 八旬에서 읽을 수 있었다.

마르틴 하이데거(Martin Heidegger)는 "대지가 감추고 있는 것을 과학적 사유로 일으켜 세우면, 즉 인간의 이성을 대지에 들이대면 대지는 사라진다"고 했다. 예를 들어 종달새의 울음을 음향의 진동수로 풀려 하면 비밀의 베일은 커튼을 내린다. 자연은 인식의 빛이 투과 불가능한 곳에서만 자신의 거주 공간을 드러낸다. 대지는 폐쇄성 덕분에 충만함을 보존하고 있다. 그는 이제 시인으로서 폐쇄적인 대지와 인간의 감성에 침입하여 사유라는 도구로 그것을 드러내고자 한다. 그는 논리를 추구하던 과학자에서 더 모험적인 시인으로 대지와 인간 존재에 대한 성스러운 사유를 시작하였다. 과학자와 시인은 가장 고유하고, 확실하며 동시에 아직도 미결정된 사유의 궁핍이란 심연에 뛰어들어 위험을 직시하는 사람들이다. 그의 시를 읽어 보면, 이제 재료과학을 넘어 가족, 인생, 자연과 우주 속에 숨어있는 서정과 진리에 집중하고 있음을 알 수 있다. 팔순을 넘긴 그가 조용히 책을 읽고, 글을 쓰는 모습에서 무한한 존경과 성스러운 인간의 존엄함을 느낄 수 있다.

2024년 1월 24일
제자 김익진 교수(시인)

사랑의 기록이 시문학으로 승화

“여기 내 생활의 기록이 있다 / 주마등같이 흘러가는 시간과 공간 / 솟아오르는 느낌 상염 / 기록의 日記 / (중략) / 내 인생 한 Chapter 남긴다 (「序」 중에서), 귀여운 손자 / 믿음직한 며느리 듬직한 아들 / 총명한 딸, 남편 / 태산 같은 아내 / 동고동락한 제자들 / 이것 내 팔십에 가진 전부다(「八旬」 중에서)”라고 오근호 교수님은 적고 있다. 이렇듯 평온을 안고 사신 오근호 교수님의 기록을 통해, 그가 아름다운 인연과 고귀한 사랑을 지니고 한세상을 살았다는 흡족한 생각이 든다.

「六月의 꽃」에서 겸손하고, 우아하며 다소곳이 미소 짓는 그의 심성에는 정녕 신비의 달이 뜨기도 한다. 「윤권이」에 등장하는 ‘吳允權’은 화자의 손자인 모양이다. 윤권이의 자라는 모습과 ‘고뿔’마저 안타깝게 바라보는 할아버지의 마음이 애잔하다. 짧은 시간 긴 인연, 넓은 세상을 꽉 채운 기억들. 이것은 독자에게 인연이라는 의미로 다가와 더욱 공감의 폭을 넓히고 있다. 윤권이가 부럽다.

오근호 교수님의 시에는 사랑이 있다. 일기인 듯이 쉽게 읽히다가도 운율이 생겨 시적 세계로 장르를 넘실거린다. 이것은 그만이 가지고 있는 특효약인 셈이다. 그뿐만 아니라 그의 시에는 고향이 있다. ‘한국현대시의 아버지’라 불리는 정지용과 이웃에 살며 내적 영향 관계나 경험의 근원적 공간인 “죽향학교, 청석다리, 마성산, 용목, 꾀꼬리 가던 길, 구덕재, 청마리, 장령산,” 등이 등장한다. 이들의 유소년기 기억의 공간이 교집합 되어 무한대로 수렴하는 것은 아닌가 한다. 정지용과 오근호 교수님의 고향 언어 사용은 연구해볼 만한 가치가 충분히 있다.

한편 오근호 교수님은 김훈을 만나 "초록색 여치 같다"며 칭찬을 한다. "바다는 쉬지 않고 움직인다 / 바다는 움직여야 존재한다 / 바다는 기다릴 줄 아는 아량의 큰 존재"(「나의 마음」 중에서)라며 화자 자신을 위한 담금질과 연마를 다짐하기도 한다.

그렇다.

끊임없이 흐르는 것이 바다이다. 오근호 교수님처럼 쉼 없이 달려가는 곳에 길이 만들어진다. 재능과 갈등 그리고 노력이 어울려 훌륭한 시인으로 거듭나길 기도한다.

먼발치에서도 평소 존경하였던 오근호 교수님의 책 출간에 졸고를 실어주셔서 영광스러우며 고맙다.

김묘순(문학박사)

제1장

여명

序(서)

여기 내 생활의 기록이 있다.
주마등같이 흘러가는 시간과 공간
솟아오르는 느낌 상염
기록의 日記(일기)
언어 선택 고민 없는
야생의 추상화
느낌의 반추 없는
순간의 赤裸裸(적나라)한 나
2018년 팔순에
내 인생 한 Chapter 남긴다

●●●
너무나 부족합니다. 앞으로 많은 지도 편달
부탁드립니다.
감사합니다.

(2018년 8월)

八旬(팔순)

귀여운 손자
믿음직한 며느리 듬직한 아들
총명한 딸, 남편
태산같은 아내
동고동락한 제자들
이것 내 팔십에 가진 전부다
이들이 있어 기쁘고 행복하다
아름답게 지내는 이들의 평화로운 호수에
내 팔순이 풍요로움을 보탰으면 한다
이들에게 둘러싸여
팔십년 내 인생을 반추해 본다
인생의 고귀함 존엄
많이 후회되고 참회한다
보람 있는 약속의 미래
참회 반추하며 걷는다

(2018년 8월 19일)

6月에

신록의 원숙한 유월
결실을 위해 땀 흘리는 나날
누구의 고귀한 날이 있는 6월
그 날이 있어 더 고귀하고 아름답다
넓게 포용하는 신비의 유월
맑고 티 없는 무결점 보석 유월
꿈과 희망의 慧眼(혜안) 입 언저리 微笑(미소)
유월의 湖水(호수) 優雅(우아)한 숲
유월의 薰風(훈풍) 에베레스트 녹인다
유월의 微風(미풍) 킬리만자로 어루만진다
유월의 고귀한 향기 은은히 퍼진다

(2010년 6월 27일)

六月의 香氣(향기)

모진 황사에서 살아나
유월의 향 진귀하다
흰 담장 사이로 빨간 얼굴 내민 장미
유월의 향 피운다
멀리 바람에 실려온 아카시아
유월의 향 피운다
빛도 없는 6월의 향
세풍에 시달려도
슬픔의 언저리에서도
절망스런 나날 노도 앞에서도
유월의 향 언제나 변함없이 건강하다
유월의 향 영원할 지어다

(2011년 6월 27일)

六月의 讚歌(찬가)

유월의 건강한 햇빛
내 얼굴 마음껏 때린다
아프지 않고 부드럽다

유월의 폭포 같은 장대비
맞아도 부드럽기만 하다
건강한 장대비

유월의 신록 너무나 건강하다
겨울에 감춰둔 풍광
유월에 건강한 자태 다 보인다
유월은 모두 모두 다 건강하다

(2012년 6월 27일)

六月의 꽃

식탁위 유월의 꽃 피어 있다
겸손하게
우아하게
네 본연의
먼 고향
넓은 들에서 승화하여
네 清楚(청초)한 본연의 모습
식탁 위 너만의 공간에
다소곳이 미소 짓는
유월의 꽃

(2013년 6월 27일)

6월을 기다리며

매년 6월은 어김없이 오지만 마음 설레 기다린다
지난해 6월을 맞고 꼭 다시 온다는 약속 받아 놓고
그날을 가슴 조이며 기다린다
쌓여 있는 이야기 토해 놓고 파 그리도 기다린다
흰 담장에 늘어진 빨간 장미 얘기하고 파 그리도
기다린다
예고 없이 핀 목단의 냄새 얘기하고 파 그리
기다린다
아침 햇빛 환희 웃는 얼굴 같이 보고 파 기다린다
다음 6월엔 어떤 신비의 얘기 할까 기다린다
6월을 늘 기다린다

(2014년 6월 27일)

六月의 神話(신화)

유월의 灼熱(작열)한 태양 灼熱(작열)
이월(二月)의 기적을 낳다
이월의 훈풍
十月(시월) 결실을 보았다
예견된 시월의 풍요

유월의 태양빛 반사하는 이월의 영롱한 고드름
유월의 태양빛 반사하는 시월의 빨간 홍시
민족의 얼 역사의 태양

시월의 홍시 신비스럽다
유월은 정녕 신비의 달

(2015년 6월 27일)

七旬(칠순)

그대를 찬양하노라
얼마나 많은 고비를 넘어 도달했나
그대 이름 칠순 아름답고 고귀하도다
한 고비 넘길 때마다 얼마나 가슴 조이며
기도했던가
이 영광 감사 또 감사하도다

물 찬 제비 나르듯
쉽고 부드럽게 팔순 구순 그리고 더 많이 더 많이
그 고귀한 생명 영원토록 이어질지어라

칠순의 찬양 우렁차게 우주를 덮어주리라

(2016년 6월 27일)

六月의 구름

유월의 뭉게구름
웅장하고 여유롭게 피어오른다
윤권대장 탄 상서로운 구름 이리로 온다
근심 걱정 없는 유월 구름 타고
모두 이리로 오너라
모두 모여라 이리로
할머니 생신 축배 들자
할머니 만수무강 하소서

(2017년 6월 27일)

六月의 噴水(유월의 분수)

광장에 놓여 있는 분수대
분수물 뿜어낸다
유월의 분수물 우렁차다
포효하는 분수물 햇볕에 영롱하다
절절 넘지는 분수물 풍요의 상징이다
물이 넘치고 끊임없이 넘친다
끝없이 넘쳐라
하염없이 솟구쳐라

분수대에 사람들이 모인다
우리도 간다
분수대의 고요함 평화 희망의 상징이다

(2018년 6월 27일)

제2장

서광

윤권이

단군이래 최고의 성군
우리 옛 조상 예맥의 땅
드넓은 만주 벌판 요동까지
다 찾아 대한민국 영토로 만들고
세계인이 추앙하는 한국의 링컨
대한민국 대통령 吳 允權

오십 여년 전 두서너 살이던 그때
그도 흙장난 좋아하고
여름에 장화신고 우산 들고
맴맴하며 매미 잡으러 다니고

비 온 후 고인 물에 질벅질벅 뛰어 놀고
조약돌 주어 흐르는 물에 퐁당퐁당 던지고
피아노 건반을 옹덩이로 신나게 치며 노는
그런 개구쟁이

집안의 얼 민족의 혼 마음껏 받아
대륙의 큰 꿈 길렀다
만세에 길이 남고
세계 모든 이가 섬기는
그 이름 윤권이

(2017년 2월 3일)

고뿔

콜록 콜록 윤권이가 고뿔에 걸렸다
윤권 백년 일생에 이 곱뿔 이 아픔 마지막이네
열이나 '합꿍(할아버지)' 부르며 다가와 축 늘어져
기대네
병원서 의사선생 무서워
몸무게 재는 등지에 숨어 그냥 누워있네
의사선생님 앞에선 무서워 반항의 울음이 터진다
저항의 저 목소리
저 포효
민족의 지도자 국가 민족을 위한 위대한
대중을 위한 한번의 절규
콜록 콜록 그도 그런 때가 있었다

(2017년 3월 21일)

진달래꽃 2017

정원에 진달래 꽃망울
눈서리 고된 어려움 다 이겨내고
윤권이에게 첫 꽃 소식 전하려 눈 떴구나
아직도 찬바람 휘몰아 치는데
흔들흔들 넘어지지 않고 굳건히 서있구나

꽃밭의 다른 네 친구들 곤히 자고 있지만
진달래 넌 선구자 민족의 지도자 같이
굳건한 의지로 꽃망울 터트렸구나
너의 그 강인함
윤권이 고뿔도 무서워 도망갔다
윤권이 위해
잔설 해지고 일어난 너

선구자 기개를 보여준 너
영겁의 시간 흘러도
변함없이 윤권이 지켜주는
너 진달래꽃

(2017년 3월 22일)

담뽀뽀

손자 윤권이 세번째 맞는 어린이날
들판에 나와 같이 뛰논다
들판에 핀 하얀 민들레
흰 머리 민들레 가분수 꽃망울
민들레 따 후후 불며 뛰 노는 윤권이
가분수 외계인 닮은 민들레
바람 타고 하늘로 잘도 오른다
민들레야 날아라 날아라
지구 끝 저 우주까지
할아버가 담뽀뽀라 부르던 민들레
윤권이 뛰어가 잡는다 하나 둘 셋 …

(2017년 5월 5일)

모기

말 배우는 윤권이 모기를 '모끼'라 하네
문 여사와 나들이 가며 초록색 병에 '티' 넣고
그늘진 나무 밑 한가히 앉아 책 보며 티 마신다네
이 평화스러움 이 여유로움
윤권이가 만든 한폭의 그림
이 광경 어디서 볼 수 있나 누가 또 만들 수 있나

소리 없이 침입한 '모끼' 모기
윤권이를 침으로 찔러 피를 삼켰구나
윤권이 피가 고귀해서 윤권이 피가 달아서
침입자 모기는 평화로움을 망쳐놓았네
윤권이 손등은 뚱뚱 부어오르네
주먹도 쥘 수 없이 부어 올랐다네
침입자를 무시하듯
여유로이 뛰어 노는 윤권이

다음날 윤권이는 병원을 문 여사와 같이 갔었다네
병원을 무서워하는 윤권이

의사 선생님 앞에 나서며
주사는 아우어(문 여사)가 맞고 그랬다네
주사 맞고 약 먹고 치료받아
손 붓기는 다 빠졌다네
모기 물려 뚱뚱 분 손 다 이겨내고
어려움 극복하는 기회주신 하나님
대범한 마음 주신 하나님
감사하옵나이다

(2017년 5월 29일)

독서

선비는 그늘을 찾는다
서늘한 그늘서 소리 내 글 읽고
마음도 식혀 시도 쓴다

정자 그늘서 글 읽는 윤권이
윤권이 글소리 만물이 경청한다
책 속의 신비함에 마음이 쏠린다
읽어라 끊임없이 읽어라
신비의 미지의 세계로 달려라

(2017년 5월 30일)

줄넘기

점프 점프
뛰어라 뛰어라 더 높이
윤권이가 줄넘기 시늉을 하며 높이 뛴다
지치지 않고 계속 뛴다

공원에 놀러 나온 윤권이
동네 누나 줄넘기 하는 것 보았네
하고 싶은 욕망 솟구쳐
뛰고 뛴다네
준비없이 나와 줄넘기 줄이 없어
윤권이 줄을 만들었다네
가지고 놀던 풍선 터트려
풍선줄 얻고 가방 속에 넣어둔 줄 이어
줄넘기 줄 만들었다네

윤권이 줄넘기하고 싶은 욕망
모든 것 전광석화 같이 만들어 내었다네
하고 싶은 욕망 무에서 유를 창출하는 순발력
윤권이 대견하고 대견하다

뛰어라 뛰어라
줄넘기 할 수 있을 때까지

(2017년 6월 1일)

네발자전거

네발 자전거도 있나
윤권이 선물 받은 자동차
윤권이 외숙 중국서 귀국 후 준 귀한 선물
주항색 컨버터블 멋쟁이 차
문 열고 들어가 핸들 잡으면
애비가 리모콘 작동하여 스르르 미끄러진다
차 안에 있는 귀공자 윤권이
으젓하고 늠늠하고 자신감 넘치네
늦은 밤 주차장 돌땐 헤드라이트 키고
클랙슨도 누른다
붕붕붕
윤권이 붕붕카 네발자전거

(2017년 6월 24일)

수박

수박은 여름의 상징
빨간 속 까만 수박 씨 애교 넘친다
수박 씨
목마른 나그네 급히 먹다 언칠까 걱정되나
수박의 단맛 윤권이 얼굴 개략케 한다
수박 그리 맛있나
수박 씨 먹는 속도 조정해 준다
말 배우는 윤권이 수박을 '추박'이라 한다
동근 미지의 세계에 할머니 칼 가로질러
굉음을 내며 쩍 갈라져 짓 붉은 색
하나의 마술이다
순간 윤권이 환호성 낸다
수박은 여름을 윤택케 해주는 마술의 과일

(2017년 7월 21일)

제3장

여정

겨울은

겨울은 무엇인가 매직이야
하늘서 하얀 눈도 내리게 하고
겸손하게 물러나 흰 백합 같은
순수함 보여주는 매직이야
겨울은 왕성했던 잎사귀 다 보내고
청초한 아름다움 보여주고
길고 긴 어두운 밤 만들어 주는 매직이야

호숫가 둥지 친 겨울 오리들
창밖 휘몰아치는 바람소리
긴 긴 밤 호롱불 밑에서 소설 읽게하는 겨울
너는 매직이야
겨울 다 매직
겨울 밤하늘에 멀리 달 하나 걸려있다

(2010년 1월 Boston Brookline에서)

켄스 언덕(Kenshill)

켄스 언덕 위엔
구름이 멈춘다 바람도
시간도 정지된 적막의 고요
언덕서 구비 보는 워드즈 호수
천년 어름 호수
우주 비밀 간직한 호수
고요 평화 잉태한 호수
긴 갈대 나를 부른다

켄스언덕엔 적막 구름 나만이 있다

(2010년 2월 7일 Boston Brookline)

주: Brookline 미국 친구들은 나를 Ken이라 부른다. 인근에 한 가파른 언덕이 있고 그 아래는 워드즈란 호수가 있고 갈대숲이 있다. 내가 그 이름없는 언덕을 자주 오르니 미국 친구들은 그 언덕의 이름을 Ken's Hill라 불렀다.

오카야마

일본 오카야마 역엔 六高(육고)의 像(상)이 있다
육고를 품고 잉태한 문화 도시 오카야마
육고 젊은이들 미지의 세계를 개척하고
인류 문화 꿈 찾는 사자들
그들의 砲哮(포효)는 지구를 흔든다
육고는 사라져도 그들의 잔상
오카야마서 숨쉬고 있다
오카야마를 받히고 있다
오카야마 박물관
로댕 마티스 세잔느 모네 고갱 품고 있네
그들이 마시며 젊음을 노래했던 맥주 도가집도
오카야마는 육고의 후예들
문화와 낭만이 충만하다

(2011년 11월 28일)

無材會(무재회)

無機材料(무기재료)의 준말 無材(무재)
無材會(무재회) 무재 건아들 모임
태고적 이름은 요업
세라믹으로 또 승화한다
인류문명 발전에 기여하는 마법의 돌 세라믹

행당언덕 요업의 본산
요업 무재 세라믹 행당서
금수강산 방방곡곡으로 메아리 친다
오대양 육대주 우주로도

무재회 태고 때 약속된 언약
무재회 불멸의 횃불
온세상 밝힌다 영원토록

(2013년 11월 14일)

진달래 꽃

진달래 꽃 봄 알리는 전령
진달래 꽃 향도 없는 순수한 겸손
진달래 꽃 보라도 주황도 아닌 고유한 색
언제나 웃는 네 얼굴
바람에 흔들려도 꺾이지 않는 가냘픈 다리
아직 엄동 가지 않은 뜰에 너 혼자 피어 있다
외롭지않게

(2016년 3월 16일)

벤치

벤치 앉아 마음의 여유를 찾는다
좌우로 부는 실바람 내 뺨 스쳐간다
화단의 잡초
멀리서 다가오는 구름도 보인다
담장에 걸린 나팔꽃 기지개 편다
머리 위 감나무
감이 커간다
감 익어 태양빛 반사할 땐
낙엽이 내 벤치에 쌓인다

(2016년 6월 29일)

구절초

잡초로 태어나 다른 친구 다 보내고
혼자서 이 정원 지키고 있구나
화려하던 날 네 친구들 뜰에서 뽐낼 때
조용히 뒤안길서 숨어 있다가
찬바람에 모두 퇴장할 때
넌 청초한 모습으로 이 정원 굳건히 지켜주는구나
넓은 들판 메밀꽃 같은 흰 물결
초겨울 바람 흰 물결 일구는구나
구절초 흰 물결
마음에 늘 간직하고 싶다
구절초

(2016년 11월 2일)

洪葉(홍엽)(Crimson Foliage)

빨간 노란 단풍잎 정성껏 주어
책에 꽂는다
매년 모아 놓은 책장 열어보면
홍엽 뿐이다
내 마음의 눈엔 언제나 홍엽 뿐이다
가을이 오면 설레는 마음 홍엽 때문인가
걸어가는 앞길에 홍엽 하나 떨어진다
날아가는 기러기 떼 엽서하나 떨구는구나
내년에도 홍엽을 약속한다고

(2016년 11월 18일)

빨간립스

우주를 창조하는 빨간 립스틱
장미꽃 짙은 정열
모란꽃 빨간 향기
고이 간직한 신비의 아름다움
회오리바람 잠재우는
아름다운 비밀
그대 빨간 립스

(2016년 12월 8일)

설원

긴 공룡 SRT 설원을 가로 지른다
눈 덮인 들판 야산을 달린다
고요한 들판 너무나 적막하다
흰 외투 선물 입은 나무들
반갑다고 인사한다
설원에 반사하는 영롱한 햇빛
나를 유혹 한다
이 힘센 괴물 말없이
설원을 달린다

(2017년 2월 1일)

겨울

겨울은 반항한다 움츠려든 마음을 펼려고
겨울은 발돋움한다 짧은 태양을 더 불려고
겨울은 역동의 계절
혹한에 생존을 위해 미지의 희망을 위해
겨울은 축척의 계절
펼쳐질 신록을 위해
겨울은 젊음의 계절
용솟음 칠 절규가 있어서
겨울은 사랑의 계절
평등하게 덮어주는 눈이 있어서

(2017년 2월 2일)

인생

인생은 아름다워
시간이라는 느낌이 있어서
빛은 한 방향으로 달리는 시간이다
색을 창조하면서
인간도 색깔을 만들 수 있나
색의 창조는 신의 유일한 권한인가
인간도 색을 달리는 빛과 창조한다
색을 창조하는 인생은 아름답다

(2017년 2월 2일)

부활절 달걀

얇은 표피에 장식된 부활절 달걀
깨질 것 같은 속성 외유내강
신의 손으로 창조된 황홀함
내면의 표현
천년의 비밀 생명체
영겁의 생명 탄생
부활절 달걀은 신의 그림자가

(2017년 3월 15일)

裸像(나상)

나상은 적나라한 미의 극치
나상은 본능적 자태 순수함
나상은 외로움의 표현인가
나상은 부끄러운가
나상은 죄스러운가
가인의 후예 인간은
순수성을 잃어가고 있다

(2017년 3월 15일)

노란 개나리꽃

노랑 개나리 담장에 걸려 있네
오는 바람 가는 바람 맞이하며
길게 늘어져 오는 사람 마중나와
웃는 환한 얼굴
봄 알리네

개나리 노란색 노랑의 극치
개나리 넌 향이 없어 순수해 더 좋아
언제나 봄 알리는 개나리
우리집 담장에 걸려 있어

(2017년 3월 27일)

Magnolia

내가 살던 Seattle 유니온 베이 포구
Magnolia 언덕에 목련꽃(Magnolia) 피었다
순결 정순한 목련꽃
다가가 내 마음 전하고 싶어
Magnolia 언덕에 지지 말고 영원히 있으라고

우리집 정원 앞 목련꽃
봄소식 전하려 피어 있다
순수한 네 자태 나에게 전해주는구나
아침 마다 널 보려 일찍 나온다
꽃잎 하나 떨어져
내 마음 슬퍼진다
목련이 지니 이 봄 어언 지나간다

(2017년 3월 29일)

나의 고향

고향의 그리움 鄕愁(향수)
향수에 파묻혀 앞산을 오른다
굽어 보이는 죽향학교
운동장 구석구석 내 조그만 발자국
앞에 흐르던 개천 고기 잡고 멱 감던 곳
마성산 넘어 용목 가던 길
청석다리 건너 꾀꼬리 가던 신작로
나분티 고개 넘어 구비구비 흐르던 금강
무시랭이 꼴짜기 커다란 모과나무
구덕재 너머 청마리 가던 길
고향은 내 속에서 숨쉬고 있다
고향은 변하는 것 산천도 사람도
고향의 그리움을 반추한다

(2017년 4월 5일)

스카치

스카치 향이 지나친다
친구 부르며
스카치 향 귓가에서 속삭인다
영겁의 진리라고
스카치 향이 코에서 머문다
마음의 고향이라고
스카치 향이 혀를 자극한다
우주를 창조 한다고

스카치 정신을 맑게 한다

(2017년 4월 5일)

은파호수

은파호수 고요한 물결
까페서 흘러오는 쌍송 곡
호수 주위 버드나무 숲
은파호수 눈앞에 펼쳐있다
130년 Erdinger Weissbier
혀를 적신다
짜릿 짜릿한 쏘세지
혀를 자극한다
실바람 마음을 흔든다

(2017년 4월 20일)

변산반도

김제 평야 끝자락 변산반도
포구 앞 망망대해 펼쳐있네
심청이 영혼이 잠긴 인당수
통통 고깃배 하나 포구로 오고 있네
먼 바다 인당수서 심청이 효심도 싣고
흰 등대 웃으며 환영한다

변산반도 책 포갠 바위
선비의 포구인가
산들바람 바위 책장 넘기네
변산반도 따스한 봄볕
나그네 마음 녹인다

(2017년 4월 21일)

晶竹(정죽)

1999년 내 환갑연
환갑 축하연 프랑카드에
정죽이 세상에 모습을 보였다
일본서 공부한 제자 김 세훈 박사
내 전공 結晶學(결정학)에서 晶자 제안
나의 사상의 뿌리 竹香(죽향) 학교
정죽의 이름 지어 졌다
정죽 정죽 좋은 이름 되어
셱스피어 같은 대 문호 이름 되거라

(2017년 4월 26일)

장령선 휴양림

앞산 마성산 청마산 서대산 장령산
우리집 뜰에서 보이는 산들
옥천 고향은 명산으로 병풍 쳐있다
장령산 서대산 깊은 골짜기
끝없이 흐르는 맑은 물
고요한 물속에 내 마음의 얼굴
장령산 휴양림
울창한 나무숲
한걸음 한걸음 내 발자국
맑은 공기 따스한 봄볕
장령산 휴양림

(2017년 4월 26일)

모란

작열한 태양빛 아래
강열한 자주빛 모란꽃
탐스럽고 풍요로운 입술
두툼한 여인의 입술
큰 둥지 모란꽃
풍만한 여인의 肖像(초상)
날듯 말듯 모란의 향기
여인의 마음
모란꽃 한입 두입 땅에 떨어진다
떨어진 꽃잎도 고귀하다
고이 간직한다
모란꽃 다시 필 때까지

(2017년 4월 30일)

흐름

역사의 흐름 막을 길 없다
라 당에 패배한 거국 고구려 총명한 백제
금수강산에 용오름 짓거리 또 하고 있다
흐름은 흐른다 쉬지 않고
역사의 소용돌이 속 배달민족
태양은 떠오른다 희망과 패기로
세계를 制覇(제패) 한다
우리 이름으로

흐름 1

화단의 모란 아쉬움만 남기고
정열의 장미 태양 아래 피어있다
장미 가고 나면 무엇이 오나
흐름의 변주곡 자연의 흐름

(2017년 5월 14일)

질주

내 마음 머물러 있는데
계절은 질주한다
흰 눈 쌓였던 들판 초록색으로
담장에 걸린 빨간 장미도
여트막한 포도 넝쿨도
실바람에 아카시아 꽃향기도
온 산에 덮인 밤 나무 꽃도
천지가 질주한다
질주는 자연의 속성인가
인간의 마음인가
내 마음 느리게 한 곳에 있는데

(2017년 5월 19일)

풀냄새

늘 다니는 산보 길
몽구는 오늘따라 칭얼댄다
꽃향기 가고
풀냄새 진하게 난다
봄이 가는 뒤안길에
조용히 오는 여름
풀냄새 계절을 알리는구나
언제나 침묵하는 이름 모를 잡초
여름을 알리는 냄새만 풍기고

(2017년 5월 19일)

우주

우주에는 사랑만이 있다
우주에는 갈등도 없다

우주에는 목련도 지지 않는다
우주에는 모란꽃 향이 퍼져있다

우주는 희망의 세계
우주는 나의 이상향

마음의 고향 우주

(2017년 5월 21일)

고사리

깊은 산속 언덕에
고사리 고개를 든다
꽃도 냄새도 없는 고사리
어디든지 날아가 정착한다
세상에 널 좋아하는 이가 그리 많아서
날아가 앉으면 그곳이 네 집이다
수줍어 고개 숙인 고사리
태고적에 네 닮은 고운 손 만들어 졌나
너의 겸손한 자태 귀여움의 상징이다

(2017년 5월 22일)

양귀비

들판 잡초 속 양귀비 하나 피었다
귀한 자태에
내 마음 사로 잡는다
바람에 흔들리며 주변 친구 부른다
나도 부른다
도도한 귀족 자태 양귀비
잡초들과 속삭인다
너무나 서민적이다
마음이 편하다

(2017년 5월 23일)

강화도

강화도 가는 길에 두개 다리 걸려 있다
가는 길 환영하는 새 다리
아쉬운 맘 남기려 옛 다리로 나온다
강화도 가는 길가에 피어 있는 자주 빛
수선화(Daffodil)
강화도 순무 깍두기
석모도 가는 Ferry
뚜 뚜 뚜
갈매기 때 우리 주위 맴돈다
구능에 핀 양귀비 우리 배웅한다
또 오라고

(2017년 5월 26일)

밴댕이

깅화도 포구 밴댕이 집
오월 단오 날 살찌운 밴댕이
고소한 맛
쫀득 쫀득한 육질
회중의 회 일미로다

(2017년 5월 26일)

다방

강화도 산골짜기 시골 다방
벽엔 빛바랜 세잔느 “카드놀이” 걸려 있다
옛날 우리가 부르던 타방
안개 같이 피어난다
모닝커피 노른자 얹어 주던 곳
살랑대던 레지 아가씨 있던 곳
뿌연 담배 연기에
약속한 친구 올 때까지 기다리던 곳
멀리서 늙은 레지 주인아줌마 커피 한잔 들고 온다

(2017년 5월 26일)

전등사

대응전 경건한 마음 솟아오른다
대응전 앞마당 아담하다
신비롭게 서있는 소나무 은행나무
전등사가 품은 소박함이다
전등사 뒷담 성곽 길
성곽 넘어 멀리 펼쳐진 바다
전등사 바닷바람
속세의 오염 씻어 준다
확 트인 시야
새 세상 여는구나

(2017년 5월 26일)

보문사

석모도 중턱 보문사
보문사 기암 절벽 480 험난한 계단
108 염주 세며 계단 오른다
숨 가쁜 괴로움 인생의 번뇌
480 계단 끝 열반의 세계
광활한 하늘 손에 닿는다
넓은 우주 옆에 있다
땀에 젖은 육체 공허만 있다

(207년 5월 26일)

신문

신문은 글 쓴 이들의 영혼이 담긴 교향곡
신문은 그들의 혼백을 쏟아 부은 글
글 귀 하나하나 소양의 역사
나는 그들의 혼을 보며 숨 쉰다
긴 세월 속 삶에서 흘러온 진수
모든 장르에서 배어 나온 산소
나는 오늘을 사는 사회 동물이 되어간다
그들의 산소를 마시며
그들의 영혼을 먹으며
신문은 만인의 산소 만인의 혼

(2017년 5월 28일)

얼굴

얼굴은 마음의 선물
얼굴은 마음의 동반자
마음은 양심의 표현
해 밝은 얼굴
그리움과 반가움의 교차로
웃음은 얼굴의 적나라한 말
얼굴은 숭고하고 장엄하다

(2017년 5월 30일)

온양 길

온천 좋아하셨던 어머님
우리 팔 남매 데리고 온양 온천 가셨지
고향 옥천서 기차 타고 대전
대전서 기동자 타고 하루 종일 길
긴 칼 찬 순사도 있었고 무서웠지
온양 가던 길 참 대단했었지

오늘 우리 집 앞 SRT
온양 길 30분
아 이제 일어나 온양 온천이나 갈까
어머님 옆에 모시고 온양 길 꿈꾼다

(2017년 6월 2일)

발악

발악은 힘없는 자의 포효
도살장 앞 소 슬피 운다
두들겨 맞는 개 절규한다
밟히는 지렁이 꿈틀한다
힘없는 나약자의 표현
힘없는 여인 우아한 울음 발악의 극치
성인의 발악 침묵하고 시간을 기다린다

(2017년 6월 6일)

심장

심장은 마음이다
마음은 가슴 안에 있다

따스한 마음은 조용하다
따스한 마음은 사랑이다

안개꽃 따스한 마음의 상징
장미꽃 격렬한 마음의 상징
백합꽃 순결한 마음의 상징
모란꽃 푸근한 마음의 상징

심장은 정직하다
심장은 단순하다
심장은 사랑이기 때문에

(2017년 6월 10일)

흙

한줌의 흙
영원한 안식처
한줌의 흙 인간의 마음
한줌의 흙 인간의 숙명
한 형제는 한 줌의 흙으로
슬픔도 괴로움도 멈춘다
모든 것 다 담었다
열반의 문이 열린다
영겁으로

(2017년 6월 11일)

詩帖(시첩)

시첩은 마음의 그릇
시첩은 사랑의 전달자
시첩은 사람의 친구

시첩은 꽃도 품었다 홍엽도
노란 은행잎도 잉태한다
라벤더 보라색 향도 피운다

시첩은 바람을 불러온다
구름 위를 날은다
먼 이국 땅 지구 끝까지

(2017년 6월 15일)

무궁화

무궁화 한 그루 꽃을 피운다
장미 간 그 자리
여름지나 가을오면
너마저 가겠지
무궁화 질 무렵
홍엽이 스친다
홍엽의 엄습 무궁화 버텨준다
민족의 긍지 무궁화
가지 말고 있어 다오

(2017년 6월 17일)

추상화

추상화는 詩
色으로 형태 時語(시어)를 대신한다
그 순간
그 느낌
그 영감
다 말하고 싶다 그리고 싶다

얘기하고 싶은 절박감
한 폭에 스며든 묵시
시는 추상화다
나만의 언어로 그린

(2017년 6월 17일)

無窮花(무궁화)1

보라색 차분히 단장한 무궁화
조용하고 우아한 무궁화
경건한 마음과 평정을 주는 무궁화
어제 피었던 무궁화 가고
매일 아침 새 무궁화 피어 있다
매일 반복되는 은근과 끈기
민족의 혼 담긴 무궁화
겨레의 꽃 무궁화

(2017년 6월 19일)

母情(모정)

새끼를 사랑하는 모정
지구의 온 정기 우주의 온 힘으로
새끼의 일거수일투족에
애미는 지켜보고 기다린다 모정으로
새끼의 밤길 험난한 절벽
애미는 지켜보고 기다린다 모정으로
모정은 한계가 없다
만겁이 지나 모든 것 다 변해도
모정은 변하지 않는다
애미는 위대하다

(2017년 6월 24일)

절필에서

절필은 용감한 행동
절필은 능력의 표현
절필은 후일을 기약하는 여유
절필은 인내심의 강한 표현
절필은 理想(이상)의 잠정적 휴식
반추하는 자 절필할 수 없다

(2017년 6월 27일)

영광

영광은 축복하는 마음에서
마음은 현란하다
명상 조용한 영광이다
마음은 차분하다
축복하는 마음 침묵이다
진정한 영광

(2017년 6월 28일)

초여름

팔장 베고 잔디에 누운다
초여름 하늘에 장엄한
뭉게구름 피어오른다
나에게 다가 온다
꽃바구니 든 여인의 형상으로
다크호스 탄 기사도 온다
눈을 감는다
더 많은 전령자 나에게 오고 있다
뭉게구름 초여름 하늘의 특권
두동실 뭉게구름 미소 짓고 손 내민다

(2017년 6월 29일)

소나기

장대 비가 쏟아 진다
바람이 휙 지나간 후에
검은 먹구름 몰고 오더니
바람은 모든 변화의 본원

하늘과 땅 잇는 흰 물줄기
소나기 잔인하게 내려친다
누구에게 화나 분풀이 하나
답답한 마음 뚫린다 가슴이 확 트인다

분풀이 다 했는지 힘이 부치는지
소나기는 멈췄다
멀리 무지개 보인다

(2017년 7월 1일)

비오는 거리

비 오는 날 까페에 앉아
커피 향 맡으며 거리를 본다
Mozart Elvia Madigan 조용히 흘러나온다
비 오는 거리
즐비한 우산 행렬
긴 레인코트 걸친 노신사
우산 밑 좁은 공간 같이 걷는 연인들
비 맞고 걷는 더벅머리 청년
비 오는 거리는 자유의 거리 낭만의 도가니
Rachmaninof는 Mozart를 잇는다
비 오는 거리만 창너머로 보고 있다
떠날 수 없다

(2017년 7월 2일)

예수

기이한 뭉게구름 속에 예수의 형상이 있다
구름 속 예수 인자한 모습
아가페의 사랑으로 부른다
예수는 배고픈 자들에게 빵 한쪽으로 배 채워주고
죽은 자도 살리고
물위도 걷고
죽은지 사흘만에 제자들 앞에 나타났고
제자들 보는 앞에서
유유히 하늘로 승천하였다
예수는 언제나 우리 곁에 있다
믿음이 있는 자만이 예수를 본다
오늘의 구름 속 예수

(2017년 7월 2일)

香林(향림)

향림 네 태고적 이름은 竹香(죽향)
영겁의 시간동안 진화하고
모진 세월 견뎌내다 얻은 새 이름 향림
은은한 바람 향 뿌리고
상서로운 구름 물 뿌려 숲을 이뤄
탄생한 이름 향림
향림 고귀하고
영원토록 섬기며 고이 간직하리라

(2017년 7월 7일)

들

장마 그친 날
멀리 비스듬이 누운 들판
파릇파릇 새싹 나네
목탄 가뭄에 갈라졌던 논
흔흔히 물고여
가지런히 줄선 모
창밖의 칡넝쿨 길게 늘어섰다
비 그친 들녘
멀리서 개 짓는 소리 난다

(2017년 7월 7일)

아침바다

수평선 멀리 보인다
찰삭 찰삭 썰물 소리 적막을 깬다
기류 따라 높이 오른 갈매기 무리
작은 배하나 먼 바다로 간다
해안 따라 걷는 긴 모래밭

(2017년 7월 8일)

꽃밭

꽃밭에 봄 여름 가을 겨울 꽃 다 피었다
無心(무심)의 裸像(나상)만이 보인다
광활한 대지 언덕 물 연못
꽃이 피었다
향을 내 품는다
겨울 눈 속 매화 가을 들국화 구절초
여름 장미 봄 개나리
아침에 피고
낮에 자는 연꽃
사시사철 Harmonized 된 자연의 꽃 Symphony
향에 취해 순수한 나상이 되어
신비의 꽃밭을 걷는다

(2017년 7월 9일)

장마

1
대지에 비가 내린다
메마른 땅 적셔준다
오랜 가뭄에 비는 몇 날 며칠 내렸다
단비는 계속 내린다
2
길게 내리는 비
하천이 범람하고 가옥이 침수된다
모든 것 쓸어간다
긴 장마 넌 잔인한 홍수로 변했구나
3
지겹게 내리던 비 하늘에 햇빛이 새어 나온다
하늘에 태양이 떠 있다
생기를 다시 찾는다

(2017년 7월 11일)

매미

간절한 매미 우는 소리 밖에서 들린다
오늘의 이 순간을 위하여
그 오랜 시간 땅속에서 기다리고 또 기다렸다
울음소리 얼마나 간절하고 염원이 담겨있나
한번 보지도 못하고 알지도 못하는 그 누구를 위해
애절하게 갈망하며 노래를 부른다
기교도 없다 그냥 본능이다
본능만 있는 매미 순수해서 좋다
매미는 운다 또 운다
매미의 열렬한 본능적 사랑
운명이 이루어질 때까지

(2017년 7월 13일)

나무

나무는 말이 없는가
나무는 한군데만 묵묵히 서 있는가
나무는 변화 무쌍한 표정을 짓는다
정원에 있는 내 소나무
아침에 나에게 인사한다
나무의 표정은 나의 오늘을 얘기해 준다
나무와의 대화에서 늘 지혜를 얻는다
나무에서 용기를 인내를 얻는다
하늘로만 3000년 자라는 세쿼이아(Sequoia)
하나님과 가까이서 늘 대화한다
나는 세쿼이아를 생각하며 나무를 본다
오늘 아침 나의 소나무가 나에게 미소를 진다

(2017년 7월 15일)

갈라진 땅

1

목 말러 갈라진 땅에

비가 내린다

빗물은 갈라진 땅에 스며들고 스며든다

갈증을 해소한 땅

균열이 Healing 된다

2

갈라진 마음 무엇으로 Healing 할까

인간의 허황된 야욕 인간의 질투

마음의 균열을 가져온다

가진 자 없는 자 모두 양보

흩어진 마음 균열된 상처를 고칠 수 있다

3

갈라진 나라 땅은 무엇으로 화합 시켜주나
기적의 빗물
베푸는 마음의 기적
강력한 힘의 논리만이 Healing 시켜준다

(2017년 7월 16일)

冬栢(동백)꽃

동백꽃에는 기름진 열매가 있다
동백씨앗의 기름
동백기름은 조선 여인네의 머리장식 화장품
동백기름을 근간으로 일어난 기업
동백꽃을 신격화하는 가족이다
빨간 동백꽃의 정열
기업의 열정으로 승화되었다
무쇠 같이 단단한 동백 씨앗
무적의 기업을 낳았다
동백 인삼 콩의 융합
신비의 약을 잉태했다
동백의 신화 오늘도 이어간다
氣槪(기개) 정직 순결 진취

(2017년 7월 17일)

박수

박수는 마음의 표현이다
마음으로 치는 박수는 우렁차다
얼굴로 치는 박수는 웃음이다
손바닥으로 치는 박수는
소리가 나지 않는다
박수는 사람의 인격이다

(2017년 7월 21일)

수박1

둥근 수박
초록색 겉옷 입고 까만 줄 장식했네
빨간 속살
까만 씨 박혀 있네
수박 한입
목을 시원하게 적셔 준다
갈증 더위 여름의 온갖 고통 사라진다
수박
신비의 과일
요술의 과일

(2017년 7월 21일)

행복

일요일 늦은 아침
의자에 길게 앉아 옛날 신문 두적인다
선풍기 바람 간간히 적셔주어 덥지 않다
초전도체 기사에 마음이 쏠린다
우리의 미래 먹거리 될 수 있다

밖에 짙은 녹음이 깔려 있다
매미 길게 운다
매미 우는 마을 한가롭다

립톤 티 한모금
마쓰네 명상곡이 멀리서 흘러 온다
슬며 시 졸음이 온다

(2017년 7월 30일)

詩(시)

시는 느낌을 표현한다
시는 문자로 표현된 추상화다
시는 함축된 감정의 精髓(정수)
시는 공감을 일으키는 魔術(마술)

시인은 느낌에 예민하다
시인은 느낌 표현이 정확하다
시인은 공감을 주는 언어를 선택한다
시인은 느낌 감정 표현을 품은 우주
시인은 시를 위해 존재한다

(2017년 8월 2일)

호기심

SRT 탄 나 창밖을 본다
들 구릉 나무 다 보인다
먼 하늘 구름도
다 움직인다 어디로 가고 있다

창밖의 촌락
촌락 앞 시냇물 소리없이 흐른다

차 안의 어린이 엄마를 부른다
말을 계속한다 모르는 말로

창밖의 만물 미지로 간다
차안에 있는 나도 어린이도
호기심으로 가득차 있다

(2017년 8월 4일)

우산

비를 피해주는 도구
좁은 한정된 공간
위대한 위력 존경스럽다
머리 얼굴 온몸에 퍼부을 비
조그만 우산이 다 막아준다
적은 공간이 이렇게 큰 힘을 가진다
우산의 마법의 힘
불행할 운명을 바꿔준다
우산의 고마움

(2017년 8월 13일)

이제원

이제원은 특출하게 현명하다
철저히 실천하는 현명한 자다
현명함의 척도는 느낌의 깊이
사람을 포용하는 인간미
진리를 아는 자
세상의 현상을 이해하는 자
실전 포용은 삶의 지혜
이제원은 다 품었다
현명하다

(2017년 8월 13일)

이제원을 이해하며

이제원은 한 사기꾼에게 당했다
모든 것 다 걸고 투자한 것
하찮은 인간에게 사기를 당한 것이다
그 충격 정신적 트라우마(Trauma)
사기의 임펙트 얼마나 힘들었을까
현명하고 자신감 넘치는 이제원
그런 인간에게 당했다니
이제원을 이해하고 동정한다
농사도 지으며 벗어나려는 고뇌
이제원 조금은 이해한다
마 이젠 고만 하이소

(2017년 8월 14일)

엉겅퀴

해 맑은 날
들녘에 엉겅퀴 서 있다
연보라색 꽃 귀부인 고운 자태 뽐내며
엉겅퀴 꽃에 매혹됐다
한 젊은이 사랑에 빠진다
엉겅퀴 꽃 사랑을 싹 틔웠네
사랑의 선물로 엉겅퀴 꽃 한 다발
엉겅퀴 독침 가시에 사경을 헤맨다
엉겅퀴 사랑의 교훈

들에 사악한 엉겅퀴
유유히 서 있다
비도 맞고 바람도 쐬고 햇볕도 받으며

(2017년 8월 20일)

신동우

Max Planck 연구소 사진에
더벅머리 신동우가 있다
신동우 맨 앞줄 야심찬 얼굴
뒤에 Petzow 교수 앉아 있다
신동우 후원해 주듯
신동우 무에서 유를 창조하는 대명사
신동우 미세먼지 오염서 인류 구하는 구세주
동방의 작은 지형서 거인 탄생
세계를 구한다 이 작은 거인이
신동우 젊은이의 멘토
신동우 더 큰 꿈 많이 실현되기를 …

(2017년 8월 20일)

끝자락

그 지겹게 덥던 여름 가는구나
여름의 끝자락 아쉽다
울던 매미 다 가고
끝자락 매미 애달피 운다
여름의 끝자락 반추해본다
여름의 끝자락 가을의 시작
새 희망 부풀어 오른다
가을을 마중 나간다
끝자락 아쉬움 남기고

(2017년 8월 28일)

황재석

파주 넓은 들
이름 모를 잡초
햇볕에 그을리고
엄동설한 삭풍에 힘든 나날
물바다 홍수 지나간 들판
가진 고충 다겪어 강인한
위대한 잡초
파주 벌판에 넓은 잎 펴
땡볕에 편안한 안식처 만들어주고
성스런 향기 만방에 퍼진다
만인이 우러러 보는 위대한 잡초
황재석

(2017년 8월 29일)

초가을

귀뚜라미 우는 저녁
가을의 입구
풍성한 신록 아쉬운 이별
매미소리 열대아 무성한 잡초
초가을에 다 아쉽다

가을이 오면
빨간 홍시 보겠지
낙엽도 떨어지겠지
홍엽도 곧 오겠지
푹 쌓인 낙엽 걷고 싶다
가을이 오면

(2017년 8월 31일)

칠곡

경상도 두메산골 칠곡 마을
칠곡 깊은 골자기 송정숲
여기서 김훈 소설 켐프를 한다

굽이굽이 골자기 개울 따라
밤송이 총총히 달려 있다
여름 이별 아쉬움에
끝자락 매미 애절하게 운다
코 닿을 가파른 언덕
울창한 여름나무 무성한 잡초

계곡에 모인 군중
소박 담백한 김훈 마음을 캔다

(2017년 9월 1일)

김훈1

김훈 칠곡 한 계곡서 만나다

김훈 예리한 통찰력
김훈 裸像(나상)의 筆力(필력)
김훈 想念(상염)의 전달자
김훈의 소설
상상력의 창달 풍요한 인생 생활의 여유
칠곡 계곡서 김훈 민족의 적폐 위상을 설파
민족의 방향을 제시 한다

김훈서
모비딕 바다의 노인을 본다

(2017년 9월 1일)

김훈 낭독회

김훈 켐프서
김훈을 읊는다

영롱한 목소리로
김훈의 모란꽃

김훈의 얘기를
뇌리에서 토해 낸다
생명력을 가지고

불굴의 의지
무궁토록 이어 질지어다

(2017년 9월 2일)

朗讀(낭독)

김훈의 소설
남한한성 칼바람 공터를 읊는다
소리 내며 읽는
읽음의 느낌
한 소절 한 구절에
작가의 심혈을 본다
떨리는 목소리 강약의 속도에
작가의 마음을 읽는다

김훈 작가
초록색 여치 같다고 칭찬한다

(2017년 9월 2일)

댕기머리 총각

댕기머리 총각
순수함의 대명사
댕기머리 총각
철부지
댕기머리 총각
사랑에 눈뜬 애송이
댕기머리 총각
熱愛(열애)를 할 수 있는 자
댕기머리 총각
순수한 마음의 소유자

(2017년 9월 8일)

그냥 가정주부

그냥 가정주부
우주를 지배할 수 있는 Power
속박 속의 굴래
세상 역학에 통달한 현인
마쓰네의 명상에 심취
베토벤의 로망스에 가슴 찢기고
둔탁한 숫꿩 울음에도 사랑을 느낀다
홍엽을 보고 길 잃은 나그네
위로한다

(2017년 9월 8일)

浪漫(낭만)

바람과 같은 것
잡혀지지 않는 실제의 존재감
보이지 않는
먼 수평선의 실체
애틋한 마음
무한대로 걷고 싶은 마음 먼 해변도 걷는다
모닥불 펴 놓고 넋없이 본다
가슴에 두른 푸른 스카프 창공을 나른다
옹기종기 모여 있는 들꽃
쭈그리고 앉아 사랑을 노래한다
광활한 대지에 펴진 지평선
내 낭만은 거기에도 있다
달려가 잡고 싶은 마음 그 신기루를

(2017년 9월 9일)

사인암

사인암 절벽에 내가 서있다
초정 권창윤 서예가 사인암 절벽에 휘둘리는 붓끝
예춘호 선생 사인암에 먹물갈다
이억순 선생 장단 맞춰 흥돋군다
사인암 암벽 밑 흐르는 물
꾸불꾸불 죽령고개
주렁주렁 매 달린 사과 넝쿨
사인암 꼭대기서 굽어 본다

(2017년 9월 16일)

죽령고개

충청도 단양 지나
험난한 산길 꼬불꼬불
고지에 과수원 하나 있네
주렁주렁 달린 탐스런 사과
혀를 녹인다
헉헉 기어가 죽령 정상 오른다
아 경상도 땅
물 고인 저수지 두메산골 예천
송이버섯 한우의 고향 예천
초정 선생 고택 자리 잡고 있다
고택 오백년 시간으로 되돌아간다
사인암 죽령고개 고택 예천의 연결 고리

(2017년 9월 16일)

용문사

경상도 예천 산골짝이 정초하게 자리 잡은
사찰 용문사
가지런히 정돈된 뜰
주지스님의 정성어린 보이스 차
두 산등성이 오묘하게 자리잡은 계곡의 끝자락
용문사 그곳에 인생의 번뇌가 멈춘다
적막의 숨소리 내 발 멈추게 한다
웅장한 범종소리
용문사 앞 흐르는 개울물
내 마음에 머문다

(2017년 9월 16일)

능금

과수원 옆길서 마주친
빨간 탐스런 능금
마술사 태양의 작품
천년의 세월이 흘러 만든 능금 사과
빨간 능금 친밀감을 준다
빨간 능금 마음도 차분케 한다
희끗희끗 줄무늬 빨간 사과
냉장고에 잘 씻어 놓은 사과 베어 먹는다
향 단 과즙 씹는 촉감
과수원 길 능금 사과
내 입안에 있다

(2017년 9월 20일)

잃어버린 여름

지긋 지긋한 여름에 잃은 것이 있나
등에 땀이 베 눕기도 힘든 더위
뭐 잃은 것이 있던가
말복 전 입추를 맞은 여름
다음 날 아침 산책길서 시원한 상쾌함
다시 찌는 더위 다음 날 또 오겠지
무심코 지난 힘든 나날 그 어려움 또 오겠지
힘든 고개 넘어 보이는 지평선
다시 걸으면 힘든 고개 또 만나겠지
평탄한 한 길 한복판서 힘든 고갯길 생각한다
매일 아침 산책길 서늘함의 강도 진해진다
지긋 지긋했던 그 더운 여름 그립고 아쉽다
소중했던 여름 다 잃었다.

(2017년 9월 21일)

마카오

마카오 뒷골목
비스듬이 흐르는 빛의 물결
리스본 좁은 골목 방불케 한다
애절하게 흘러나오는 Fado 생각난다
진 파란색 채양 환영하듯 열려 있다
은은한 Grey색 벽
문 앞에 놓여있는 초록색 화분
따뜻한 저녁 요리 기다리고 있네

(2017년 9월 29일)

돛단배

내가 살던 보스톤 찰스리버
MIT 하바드 요트클럽 찰스강에 둥지 틀고
유유히 대서양으로 흐른다
드높고 파란 보스톤 여름하늘
큰 꿈 품은 흰 돛단배 하나 훈풍을 달고
유유히 바다로 간다
젊음의 꿈과 패기를 싣고

(2017년 9월 30일)

김훈

김훈이 라면을 끓인다
그 큰 등치에 왜 그리 곰살스러운지
라면 끓이는 시간 재고 온도 재고
최적의 시간 온도 때 맛의 극지에 달한다
화학 실험하는 연금술사 같이
김훈의 라면 끓이는 주방
중세 연금술사 실험실
완벽하게 라면 끓이는 김훈
노벨 화학 수상자다

(2017년 10월 2일)

단양CC

푸른 하늘 닿을 높은 산 위
신선들의 놀이터 단양CC
뾰족한 산 깎아 만든 벌판
초록잔디 가지런히 깍은 자연 융단
여러 군데 인공 폭포 기염을 토해낸다
자연의 대 교향곡
호수에 비친 맑은 하늘
초록색 영상
멀리 흰 달이 떠 있다

(2017년 10월 14일)

구절초17

임자 없는 들에 핀 구절초
넓은 들 다 차지하고서
잘도 피어 있네
가꾸는 이 없어도
봐주는 이 없어도
주인 없는 바람 스쳐가니
구절초 바람 따라 나부낀다
싱그러운 날 다 보내고
혼자 외롭게 피어 있네
겨울 알리는 마지막 꽃
구절초 흰 물결
빈 가을 들에 봄처녀 같이 곱게 와 있다

(2017년 10월 21일)

평온한 마음

빨갛게 물든 나뭇잎 재회의 약속
편안한 마음으로 이별한다
더 깊은 사랑 조용한 이별
평온한 마음
바람에 저항하며 버티는 안간힘
마지막 홍엽은 떨어진다
영원한 평온을 위하여

이별은 아름다운 추억
이별은 평온한 마음의 위선
이별은 기다리는 약속의 영원성

(2017년 11월 14일)

발레예술

예술은 아름다움의 표현
예술은 숨어 있는 사랑을 말한다
예술인은 아름다움을 찾는 행인
예술인은 미를 찾아 방황한다
언제나 미흡하다 느껴 또 헤맨다
예술인은 숨겨진 사랑의 진리를 탐구하는 과학자

발레는 미의 진수를 표현하는 예술
3차원의 과학
표현의 자유는 영원으로 영원으로
영원성을 가진다

(2017년 11월 15일)

낙엽을 맞으며

뜰에 외로이 떨어지는 낙엽
쓸쓸해 보여 동무삼아 뜰로 나갔다
나를 환영하듯 낙엽 눈이 내린다
내 어깨에도 머리 위에도
홍엽 단풍 한 잎 이별이 아쉬운지
눈앞서 맴돈다

쌓여 있는 낙엽 다칠가
사뿐 사뿐 낙엽 위를 걷는다

(2017년 11월 19일)

나의 마음

나의 마음은 바다
파도치는 격랑의 바다
한없이 뻗어 세상의 끝 그 바다
너무나 고요해 적막의 대명사 바다
찰삭 찰삭 쉬지 않고 잔물결 소리 내는 바다

바다는 쉬지 않고 움직인다
바다는 움직여야 존재한다
바다는 기다릴 줄 아는 아량의 큰 존재

내 마음은 바다에서 벗어나 있는가
정열은 있으나 성숙함이 없다
조바심의 풍광

(2018년 2월 14일)

봄맞이

늦겨울 넓은 들판
기지개 편다
군데 군데
모닥불 연기 난다
후미진 곳 눈 녹아 내린다
한가로운 산과 들녘에
동네 개 누렁이도 나와 봄맞이 한다

마지막 보내는 겨울
아쉬움 가득하다

(2018년 2월 21일)

겨울戀歌(연가)

겨울이 가는 가 아쉬움만 남기고
쌓인 눈 뽀독뽀독 걷던 아쉬움
가로등 없는 밤길 밝혀주던 하얀 눈
얼은 손 녹여 주던 따뜻한 찻잔
움추려 파묻던 두꺼운 오바
긴긴밤 두꺼운 책 읽던 밤도 가고
다 가버렸다
시간은 변화만 가져 온다

(2018년 3월 3일)

獻詞詩(헌사시)

詩는 추상화
마음의 다차원 표현
아름다운 괴물
상서로운 뭉게구름
무거운 굴레 다 벗고
맨발로 잔디 밟고 싶다
스위스 넓은 구릉 뛰놀고 싶다
밀물이 철석 철석 다가올 때
쪽배 타고 저 멀리 수평선 너머로 떠나고 싶다
백합향기 핑크색 理想鄕(이상향)으로
떠나고 싶다

(2018년 3월 9일)

年下(연하)의 女人(여인)

흰 백합 고귀한 향기
창가의 보라색 화분
내 마음 하늘로 분화 시킨다
백합 향기 보라색 빛
내 마음 하늘로 승화한다
거추장스러움 다 헐어버린 자유인
핑크색 연기되어
하늘로 바다로 강으로 산으로 들로
날아라 날아라 끝없이 날아라
흰 백합꽃 위에

(2018년 3월 9일)

봄 경치

산언덕 위 먼 아지랑이
들에 피어나는 새싹들
맑은 연두색 엷은 갈색 우유 빛 흰색
저마다 새 봄을 얘기한다

새 잎은 유월의 성숙한 초록을 약속한다
봄 경치는 비밀스런 보물 상자다
봄 경치는 미지의 성숙을 약속한다

마음의 귀로 봄 소리를 듣는다
봄 경치는 미지의 노래다

(2018년 4월 19일)

봄

진달래는 봄을 알려주는 첫 전령
모진 바람 엄동설한 이겨내며
꽃망울 피워 봄을 알린다
겨울을 이겨낸 승자의 모습
바람에 흔들리는 연약한 가지
화단의 이웃 꽃나무들 잠에서 깨운다
봄은 희망이라 외치는 선구자 진달래
어떠한 고초에도 굽히지 않았던
민족의 지도자 같이
봄을 자랑하는 화단의 많은 꽃들
화려한 장미가 피는 날 봄은 간다
봄이 오고 봄은 가고
그 많은 봄의 꽃들
나의 상념 나의 反芻(반추)

(2018년 4월 19일)

七月의 太陽(태양)

칠월의 태양이 떠오른다
칠월의 태양은 강렬하다
칠월의 태양은 정열적이다
칠월의 태양은 풍요롭다

빨간 장미 다 가
마음 한구석 허전한데
칠월의 태양이 채워준다

칠월의 태양 밑 빨간 복숭아
보라색 도라지꽃

칠월의 태양은
정열 사랑을 준다

(2018년 7월 1일)

비오는 날

비 오는 날 세차하는 소녀
금발 碧眼(벽안)의 소녀
덧니는 마음을 풍성케한다
허스키 목소리 안정감 준다
끊임없는 말의 연속 친근감 준다
말이 재미있다
눈 비오는 날 바람부는 날도
차를 닦는다 끊임없이 닦는다
마음의 안정을 위해 차를 닦는다
거친 운전 솜씨 마음의 안정을 가져다주나

소녀 비 오는 내일 또 차를 닦는다

(2018년 7월 3일)

未來(미래)

옛이 뭔지 현재가 어떤지
다 바람과 함께 보내고 파
썰물과 함께 보내고 파

좋은 미래 즐거운 미래 환상의 미래

우린 미래가 있고
환상이 있어 좋아
미래가 있어 행복해
미래는 현실이 아니라 좋아

(2018년 7월 10일)

暴炎(폭염)

아 덥다
太陽(태양)의 깊은 사랑인가
태양의 애무인가
태양의 慈悲(자비)인가

만물은 熱(열)에 신음한다
만물은 땀에 젖어 있다
만물은 사랑에 취해있나

폭염은 지구를 달구고 있다
폭염은 인간을 끓이고 있다
모든 오염 모든 갈등이 승화된다

(2018년 7월 29일)

나팔꽃

女神의 꽃 나팔꽃
순수하고 고귀함이 있다
나팔꽃 심은 그 여인 같이
태양빛 아래 다소곳이 머리 숙인 나팔꽃
겸손하게 우주와 대화한다
조용히 조용히
구중궁궐 같은 긴 나팔꽃 목
아름다움 다 숨어 있다

(2018년 7월 30일)

寂莫(적막)

더위는 無念無想(무념무상)의 경지로 인도한다
적막의 세계가 펼쳐진다
이 고요함
가장 편하고 평화스런 경지
땀이 흐른다
뚝뚝 떨어진다

이 찰나 이 순간
정말 힘들다 이 더위
적막이 엄습하는구나

멀리서 “상생의 동물의 사육제”가 들린다

(2018년 8월 4일)

恩師(은사)

은사님은 인생의 길을
은사님은 인생의 꿈을
은사님은 인생의 지혜를
은사님은 깨끗한 양심을
은사님은 용기를 보여 주셨다
은사의 제자 사랑은
희생으로
믿음으로
抱容(포용)으로 표현된다

다 은사만의 길이다

(2018년 8월 8일)

에어컨

등의자에 길게 누어 티 마시며
샹송 듣는다
두툼한 5번가 가을철 옷 광고
가을을 보여준다
따뜻한 립톤티 맛이 난다
겨울에 읽던 두꺼운 소설책
끄내 읽는다
에어컨이 내 여름 겨울로 앞당긴다
가을 옷 광고 가을을 재촉하나
이 가을 내 홍엽 어떻게 올지
가을 바람에 떠난 홍엽
영원히 오지 않으리

(2018년 8월 15일)

나의 洪葉(홍엽)

한가로운 한여름에 에어컨 속
어느덧 가을이 다가온다
멀리 떠난 홍엽과 함께

가을이 오고
가을바람 스치면 홍엽이 온다
영원히 내 가슴 채운다
영원히 떠난 홍엽 가슴을 조인다

(2018년 8월 15일)

偶然(우연)

우연은 낭만이다
우연은 인생의 길을 열어준다
우연히 만난 그
마음의 꽃 피운다
한송이 꽃 향기

우연히 스쳐간 한 조각 바람
내 뺨 스쳐간다
바람 따라 날아간다
옹달샘까지

졸졸 흐르는 시냇물
시냇물 따라
우연은 흘러간다

(2018년 9월 8일)

自由人(자유인)

나는 자유인이라
절규하는 사나이

사람에게서 자유
금전으로 부터 자유
밟아온 인생 행적에서 자유

냉혹한 인간의 굴레에서
사회의 속박에서
벗어난
한 인간

인자함
앞에 마음의 평온을 얻는다

(2018년 9월 9일)

詩深(시심)

詩(시)는 깊이가 있나
시의 깊이는 무엇으로 재나
詩深(시심)은 詩心(시심)으로 잴 수 있나
詩心(시심)은 환상의 느낌
詩(시)의 환상은 글자로 볼 수 있다
詩(시)는 너무나 제약이 많다
詩(시)를 음으로 색으로 글자로
보여 주고 싶다
詩深(시심)은 측정할 수 없는 실제다.

엄정한 음의 색의 말의 선택

(2018년 9월 12일)

詩(시)

詩(시)는 마음을 담은 그릇
그릇에 말이 담겨 있다
색깔이 있는 말

꾸밈없는 순수한 색
라일락 향기 색
코스모스 흔들리는 색

詩語(시어)는 유한한데
감정은 무한하다

나의 歡喜(환희)
나의 妄想(명상)
나의 슬픔

무한한 색깔들이다

(2018년 9월 13일)

露天(노천) 테라스

신건철 박사 집에는 노천 테라스가 있다
쨍쨍 쪼이는 여름날 낮 꿈을 꾼다 테라스에서

일요일 아침 노천 테라스에 앉아
먼 하늘 본다
하늘의 태양빛 테라스
고요함을 깬다
높은 하늘 흰 뭉게구름
테라스 寂寞(적막)을 깬다
파란 높은 가을 하늘도
테라스 적막을 깬다
어디서 온 한 점의 바람
적막을 스쳐간다
적막을 품은 나에게
산새 한 마리 날아온다
내 테라스엔 적막도 숨 쉰다

(2018년 9월 16일)

Lavender

고은 낙엽 물드는 가을

보라빛 라벤다 눈에 어린다
벌판에 퍼진
무한히 뻗진 구능(丘陵) 라벤다 들판
가지런히 줄 맞추어 지구 끝까지
봄 기다려 라벤다 보라빛 꿈

어깨에 앉은 빨간 단풍
노란 은행나무 떡갈나무 단풍
꿈깨운다
홍엽이 가을이라고 꿈 깨운다

(2018년 10월 19일)

가을 파노라마

고은 가을 단풍에

마음 차분해 진다
잔인한 가을비 바람에
힘없이 떨어져 날린다

마음 슬프게 한다

산책길
깊이 쌓인 낙엽
마음 푸근하다

잔인한 삭풍
쌓인 낙엽 다 날려보낸다

초점 흐려진 발자국
한발 한발 내디딘다

(2018년 11월 9일)

광능 숲

따스한 늦가을 햇빛 아래
한가로이 광능 숲 걷는다
잎 떨어진 앙상한 가지

오르막 문턱
광활히 펼쳐 있는 전나무 숲
숲 향기 짙어
목욕한다 마음까지

나와 내 그림자만 있는 한적한 육림 호수
주위 산 나무 모두 품어 비춰 주어
육림 호수
태고의 비밀 말해준다

바람에 흔들거리는 갈대
또 오라 인사한다

(2018년 11월 13일)

단풍

어느 날 아침 창문 여니
단풍이 눈에 띈다
TranquiI 한 단풍에 마음 차분해진다
최면에 걸린 듯
상서로운 뭉개 구름
가슴에서 피어 오른다
꿈에서도 깨고

빨강 노랑 주황색 단풍
고은 음의 Ensemble
대 자연의 Symphony 단풍

이제 한 잎 두 잎 떨어져 간다
흥엽만 남아 이 가을 지켜 다오

(2018년 11월 14일)

첫눈

첫눈이 내린다
눈이 내려 쌓인다
쌓인 눈길
몽구 데리고 눈길 걷는다

안방 따뜻하게 데워 놓고
눈 오는 바깥 풍경 즐겨본다
베토벤 소나타 8번 비창
반복해 흘러나온다

천정불 끄고 립톤티 한 모금
읽던 책으로 눈길 돌린다

(2018년 11월 24일)

血壓(혈압)

내일 29일은 결정성장학회
1990년 12월 1일
내가 시작한 학회

혈압 올라 어지러워
학회 참석 취소했다

혈압 약 30여년 복용하지만
이런 어지럼증 처음이다
젊을 때 느끼지 못하고 지나갔나

혈압은 심장의 압력 세기
높은 혈압 심장의 운동량 증대

주치의 신진호 교수 신약 대체해 주어
희망을 가지고 새 약 복용하련다

(2018년 11월 28일)

매섭게 추운 날

매섭게 추운 겨울 밤 기다린다

하고 싶은 일이 있어서
하고 픈 말이 있어서
만나 보고싶은 이가 있어서

초롱불에 드리운 윤곽 보고싶어서
무겁게 고개 든 눈 보고싶어서
오뚝한 코
굳게 다문 입이 보고싶어서

빛 맞으며 골목길 걷고 싶어서
멀리 개 짓는 소리 듣고 싶어서
묵 장사 지나가는 소리
매섭게 추운 겨울 밤 그래서 그립다

(2018년 12월 2일)

12月(월)

단풍 지고
낙엽 보내며
마지막 달력 12월 넘긴다

마지막 달 12월
생각나는 것
하고 싶은 얘기
해야 할 일
누구에게 전하고 싶은 맘
돌이켜 볼 일
하고싶은 일

듬뿍 쌓여 있다
늘 그러했듯이

그냥 또 그렇게 지나 가는구나

(2018년 12월 3일)

綠(녹)의 낭만

신건철 화백의 그림 한 폭
녹색 그림에서 꿈꾼다
그림 속에서 숨쉰다

녹색-정글 물위에 떠있다
소리 없이 흐르는 물
고요를 낳는다
청명한 새 소리
낙원의 중심지
진한 녹색 가슴을 물들인다
유유히 흐르는
여유와 평온을 가져온다

내가 그림에 파묻혔다

(2018년 12월 4일)

空虛(공허)

空虛(공허) 기다림의 대명사
공허 고요한 공간
공허는 아름다움의 정의
공허한 마음 흠모 사랑의 표현
공허 사랑을 갈구하는 마음
공허는 행복이다

(2018년 12월 8일)

무좀

유리알 같이 반들거리는 내 발
매일 아침저녁 발 마사지 한다
무좀 크림약 묻혀가며 마사지 한다

근질 근질 아프지도 않고
슬며시 근질거린다
발바닥엔 흰 띠가 있다
이 무좀과의 전쟁 언제 시작했나
무좀 죽었다 다시 살아나고
몇 년 동안 반복된 무혈 전쟁
이제 발본색원 할 때가 도래했다

반들거리도록 마사지하니
발 혈액순환 도움 되나

무좀아 오래 오래 버티어 다오
쉬지 않고 마사지하게

(2018년 12월 20일)

그리고 50년

큰 강줄기 흐른다
넓은 평야도 긴 협곡도 지나 흐른다
50년 계속 흐른다
높은 산도 올라 흐르고
폭포가 되어서도 흐르고
큰 호수 작은 호수 만들며 흐른다
50년의 세월이 이리 긴가
이리도 다양한가
아담한 연못도 만들고
흐름의 여정 계속 된다
끊이지 않고
영겁의 시간과 함께

(2018년 12월 21일)

樂譜(악보)

악보는 신비의 암호
악보 영롱한 음을 간직한 보물
암호는 상쾌한 냄새를 풍긴다

악보 보물 캐러
미지의 세계
깊은 동굴로 달려 간다

암호의 신비에 도취돼
미지의 세계로
힘차게 뛰어 간다

(2018년 12월 23일)

싼타 할아버지

어젯밤 윤권이 일어나
할머니 할아버지 불 끄시고 자란다
싼타 할이버지 오신다 연락 왔단다

아침에 거실 밖에
윤권이 흥분한 큰 목소리
앵무새 말똥이 킥보드 찰흙
윤권이 원하든 모든 것
싼타가 선물로 놓고 가셨네
윤권이 흥분의 도가니

애미 애비 내년에도
싼타 할아버지 또 오신데
윤권이 아빠 엄마 말 잘 들으면

윤권이 “네” 한다
싼타 위대하다

(2018년 12월 25일)

Christmas

죄 지어 괴로워하는 인간 인류에게
모든 죄 탕감해준 의인
그 이름 예수
크리스마스 예수의 생일

넓은 아량 깊은 사랑으로
인류의 죄 짊어지고
십자가에 죽음으로
인간의 죄 값 다 치뤘다

의인 예수의 탄생
인류는 기쁨으로 환영한다
의인 예수의 기적
물 위를 걷고
빵 한 조각으로
굶주린 군중 배 채워주고
기적으로 죽은 사람 살려내고

의인 예수는 동정녀의 몸에서 출생하여
십자가에 못 박혀 죽은 지 사흘 만에 살아났다
다시 승천하여 하나님 옆에 앉아 계시다

의인 예수는 하나님의 아들

이 모든 기적을 믿는 자
그 자만이 죄를 탕감 받고 구원을 받는다

크리스마스 하나님의 아들 예수의 생일

(2018년 12월 25일)

수리샘

글쟁이 浪人(낭인)들의 소굴 수리샘
두목이 최영애다
희열 슬픔 분노로 가득 찬 文人(문인)의 熱(열)
방사형으로 발산하는 熱(열)
초점이 없어 힘이 없다
두목 최영애의 Leadership 돋보인다

샘솟듯 솟아나는 정열
샘 흐르듯 끊임없이 솟아나는 힘
지구를 불 태우고 태양을 식힌다
정열 충만한 두목 최영애

수리샘 작품
태고적 받은 언약
오늘 빛으로 나타났다
배달민족 마음의 양식
영구토록 빛나리
수리샘이여

(2018년 12월 29일)

나이

지금 내 나이 팔십
잠시 후 여든 한살이 된다
나이는 내 의지와 관계없이 더해진다

우리는 시간이라는 함수에 실려있다
직선인가 곡선인가 모르는 변수에
그러나 뒤로 가지 않는 불가사의
오직 앞으로만 달리는 함수

시간이 가끔은 뒤로 갔으면 한다
오십 년 전 내가 지금의 나를 음미한다
꿈에 부푼 한 젊은이
반항 불만의
보잘것없는 한 존재

한 방향으로만 가는 시간 신기하다
이제 내 나이 여든 한 살

(2018년 12월 31일)

2018년 보내며

난 2018년 365일 뭘 했나
어떻게 살았나

큰 계획없이 출발한 신년
시간은 소리 없이 움직인다

증조부 보훈처 서훈을 위해
가족관계 호적을 찾기 위해
중구청 종로구청 옥천읍사무소 국립도서관 많이도
다녔다
제적 등본은 찾지 못한 허탈한 마음
제적등본 없이 가족 입증할 자료 다 찾았다

증조부 괴정오상규선생 기념사업회 발족했다
증조부 사시던 서린동 108번지
괴정 표지석 신청했으나 부결됐다
국가보훈처에 서훈 신청을 했다

난 증조부 위해
가족을 위해
윤권이를 위해
부끄럼 없이 산다

윤권이 무럭 무럭 자라고
개성도 생기고 표현도 정확히 한다

팔월 생일에는 수환이 내외가 제자들 초대해
팔순 잔치 마련해주었다

지난 30년 고이 간직한 결정성장법을
책으로 만들어 제자에게 주었다

晶竹詩帖 1을 만들었다

아 이렇게 한해를 보내고 여든 한 살을 맞는다
2019년에

(2018년 12월 31일)

저자 소개

晶竹(정죽)
충북 옥천 출생
공학 박사

晶竹詩集1

인　쇄 2024년 2월 25일
발　행 2024년 2월 28일
저　자 晶竹
발행처 한림원출판사
주　소 서울특별시 중구 퇴계로51길 20, 12층
전　화 02-2273-4201
편집·인쇄 한림원(주) http://www.hanrimwon.com